徐州汉画像石

张道一 徐飚 著

江苏凤凰美术出版社

图书在版编目（CIP）数据

徐州汉画像石 / 张道一, 徐飚著. -- 南京 : 江苏凤凰美术出版社, 2019.8
（符号江苏精选本）
ISBN 978-7-5580-6568-2

Ⅰ. ①徐… Ⅱ. ①张… ②徐… Ⅲ. ①画像石—介绍—徐州 Ⅳ. ①K879.42

中国版本图书馆CIP数据核字(2019)第157847号

责任编辑 施 铮 汪意云
装帧设计 曲闵民 高 森
扉页插图 陈敏娜
责任校对 吕猛进
责任监印 朱晓燕
实习编辑 廖顺瑜

书　　名 徐州汉画像石
著　　者 张道一 徐 飚
出版发行 江苏凤凰美术出版社（南京市中央路165号 邮编：210009）
出版社网址 http://www.jsmscbs.com.cn
制　　版 江苏凤凰制版有限公司
印　　刷 南京新世纪联盟印务有限公司
开　　本 787mm×1092mm 1/32
印　　张 5.875
版　　次 2019年8月第1版 2019年8月第1次印刷
标准书号 ISBN 978-7-5580-6568-2
定　　价 68.00元

营销部电话 025-68155790 营销部地址 南京市中央路165号
江苏凤凰美术出版社图书凡印装错误可向承印厂调换

“符号江苏”编委会

内容简介

所谓“画像石”，即在一些巨大的石板上所镌刻的图画，主要见于石椁、石墓、石祠等，是伴随着厚葬风气而出现的。当时一些富商大贾及中小官吏在丧葬中以石板代替木椁，以石板上的刻画代替漆棺或悬挂的帛画。后来拓印术发展起来，人们将石板上的画面用墨捶拓下来，通称为“拓片”，实际上就是人类最早的“拓印版画”，比“木刻版画”要早，因而成为中国美术史上重要的一章。本书主要介绍徐州地区的汉画像石，其出现和流行的时代是西汉中期至东汉大约300年，所涉及的地域范围，既包括现在的徐州市区，也包括周围的若干县。

作者简介

张道一，教授，我国著名的工艺美术史论家、民间艺术家、教育家、图案学家，东南大学艺术系创始人。曾担任国务院学位委员会艺术学科评议组召集人，长期潜心研究美术和工艺美术的历史和理论，尤其重视民间艺术的研究。著有《张道一文集》《美术长短录》《造物的艺术论》《心灵之扉——张道一论艺术》《中国民间美术》等。

徐飚，博士、教授，师从张道一先生，现任教于南京师范大学美术学院。出版专著《成器之道—先秦工艺造物思想研究》《两宋物质文化引论》等。

目录

CONTENTS

引言

“徐州”这个地名最早出现在《尚书·禹贡》中，说夏禹时整个中国划分为九个州，徐州便是九州之一，其面积包括现今江苏、安徽、山东的很大部分，显然不同于现在的徐州。现在的徐州市，秦末为西楚国都，东汉时是彭城国的首府，三国以后才为徐州治所，至清代为徐州府治。民国时期，1938 年由铜山县析置徐州市，其位置在江苏省的西北部，津浦和陇海铁路的交点，据守鲁、豫、皖、苏四省要冲，一向为军事要地。

徐州汉画像石出现和流行的时期是西汉中期至东汉，约 300 年间，即公元前的一个世纪和公元初的两个世纪中，以前没有，以后也很少见到。所涉及的地域范围，既包括现在的徐州市区，也包括周围的若干县。它们在艺术上属于一个系统，并不严格受行政区划的限制。

所谓“画像石”，即在一些巨大的石板上所镌刻的图画，主要见于石椁、石墓、石祠等，是伴随着厚葬风气而出现的。当时一些富商大贾及中小官吏在丧葬中以石板代替木椁，以石板上的刻画代替漆棺或悬挂的帛画。这些石板上的图画以线条为主，最多是将空白处刻深一层，考古学家习惯称作“减地法”，因此更接近平面上的绘画，而不像雕刻那样追求立体感。后来拓印术发展起来，人们将石板上的画面用墨捶拓下来，通称为“拓片”，反显出一种独有的艺术效果，实际上就是人类最早的“拓印版画”，比“木刻版画”要早，因而成为中国美术史上重要的一章。

我们所要介绍的重点，是画像石在艺术上所达到的高度成就。它标志着中国绘画的成熟，既有对现实的描绘，也有表述思想的想象，譬如神话、信仰的偶像和诸种神怪，深沉雄大，气象万千。在艺术的造型上，既有点缀性的装饰和仪式性的纷呈，也有错综复杂的“关系性的律动”。由此留下的各种画面，是约 2000

年前若干社会现象的写照，成为当时许多现实与幻想的形象记录。

我们讲述的对象虽然在公元前和公元之初的汉代，但故事的起点要推得更早。江苏这个省，居于中国的东南，东面靠海，腰间的长江像是一条彩带，地分南北。苏南是历史上的吴国；苏北是历史上的东夷之地，曾是徐戎国，也曾是楚国的一部分。从绝对年代看，这里的文明进程较晚，当中原地区已进入奴隶制的盛期时，江南还处于半原始状态。然而，就在这2000多年间，江南发生了很大的变化，甚至成为后起之秀。

下文将从徐州地区文明初开之际拉开序幕，就像电影的画面一样，将由远镜头开始渐渐推进，进入画像石的宏壮之美的境界。

第一章
古代的徐州与徐州人

第一节　两个王子出走

3000 多年之前，即商代后期，周国的两个王子从现今的陕西跑到了那时还是荒蛮之地的太湖之滨，掀开了江南文明开化的序幕。

周太王有三个儿子，长子泰伯，次子仲雍，少弟季历。周太王看出季历的儿子姬昌有“圣德”，于是有意传位于季历，希望经由季历传位于姬昌。泰伯勤奋好学，为人忠厚，孝敬父母，兄弟和睦无间。他得知父王的想法后，不是设法争夺王位，而是与仲雍商量，一起奔往江南“荆蛮”之地，改从当地习俗，文身断发，以示不归，表现出让国的风度。后来季历继位后果然整饬国政，征伐戎狄，扩大领地，由此遭忌于商王朝而被害致死。季历死后，姬昌继任王位，他就是赫赫有名的周文王。周文王也遭到残暴的商代君王纣王的迫害。周文王之子周武王继位后，才以武功消灭了商纣王。于是商代灭亡，西周建立。

西周王朝在中国历史上是奴隶制盛期，所谓“文武之道”，即是指周文王和周武王。周武王之弟周公，名旦，曾助周武王灭商。武王死后，因成王年幼，由周公摄政。他曾出师东征，平定反叛；大规模分封诸侯，巩固政权；制定礼乐，建立典章制度。所以孔子说他“祖述尧舜，宪章文武”，到了老年还感叹说：“甚矣吾衰也！久矣吾不复梦见周公。”历史学家称赞泰伯、仲雍让国奔吴，成就了800年的周王朝。民间也流传“周公辅成王”的美谈，到了汉代还不时见到这个主题的画像石。

用现在的眼光看泰伯和仲雍，他们的让国之举不仅有利于周王朝的发展和巩固，也有利于现今江苏南部的开发，加速了文化与文明的进程。他们兄弟两人放下贵族的架子，穿上当地人的衣裳，从俗而躬行，

周公辅成王

与江南人民和睦相处，向他们传授黄河流域的先进生产技术，开荒耕作，栽桑育蚕，驯养家畜，兴修水利，发展经济和文化，受到当地人民的拥戴，被尊为首领，建立的国家号曰“句吴”（勾吴），其地在今江苏、上海的大部分和安徽、浙江的一部分。

据传泰伯领导人民所进行的改进是多方面的，除了发展农业生产、增收粮食之外，还由“半生为食”改为全熟食，由“搭棚为窝”改为建村立巷，并且“以歌为教”，将周族的诗歌同原有的蛮歌、土谣结合起来，形成了“吴歌”的雏形。至今在江苏无锡梅里一带，还留有一些名称，如人工运河称为“伯渎港”，有村落“荆村”“蛮巷”等。据说泰伯曾在梅里一带筑起一座土城，名曰“吴墟”，后人也叫“吴城”或“泰伯城”。泰伯死后无子，葬今江苏无锡之梅里。其弟仲雍继位。周灭商后，正式封仲雍的后代为君（吴王），建立吴国，并迁都姑苏（苏州）。

司马迁在《史记》中专列“吴太伯世家”一篇，并引了孔子的话说：“太伯可谓至德矣，三以天下让，民无得而称焉。”

第二节 季札挂剑

吴国的建国始祖是周太王之子泰伯和仲雍。吴国起初很弱小，至春秋后期国力逐渐强盛。公元前585年，仲雍第十九代孙寿梦称王，建都于吴（今江苏苏州）。传至吴王阖闾时成为“春秋五霸”之一。公元前473年，在吴王夫差手里，吴国被越国所灭。

季札是吴王寿梦的第四个儿子，相传生于周定王十九年（前588年）。从小聪颖敏慧，有礼有德，为父兄所器重。

《史记·吴太伯世家》说：“季札贤，而寿梦欲立之，季札让不可。”他此后又多次推让君位，以为不合礼制。季札为了“逃位”，甚至跑到乡下，“弃其室而耕”，种田去了。

作为封建时代的贵族，季札受封于延陵（今江苏常州），故号曰“延陵季子”。以后又加封州来（今安徽凤台），称“延州来季子”。他曾代表吴国出使许多国家，游说协调，做政治、军事、文化等方面的沟通，在当时以“多闻”著称，影响很大。季札的年龄大于孔子，孔子很敬慕季札。季札死后，孔子为他写了墓碑。

《史记·鲁周公世家》中记载：“（襄公）二十九年，

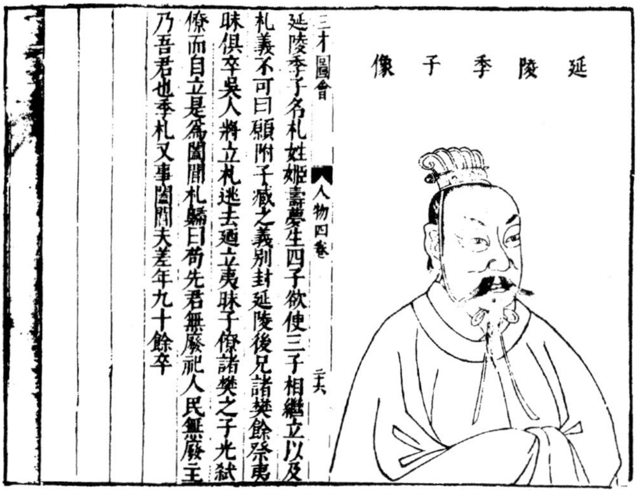

延陵季子像

三才圖會　人物四卷　三十六

延陵季子名札姓姬壽夢生四子欲使三子相繼立以及札義不可曰願附子臧之義別封延陵後兄諸樊餘祭夷昧俱卒吳人將立札逃去適立夷眛子僚諸樊之子光弒僚而自立是爲闔閭札歸曰苟先君無廢祀人民無廢主乃吾君也季札又事闔閭夫差年九十餘卒

延陵季子像（春秋吴国季札像），明代《三才图会·人物卷》

吴延陵季子使鲁，问周乐，尽知其意，鲁人敬焉。”也就是说，季札的人文修养连受到周公教养的鲁国人都为之敬佩。

鲁国在今山东西南部，建都曲阜，这里也是孔子的出生地。当时的鲁国在分封的诸侯国中有些特殊，因为开国君主是周公旦。也因为周公的关系，鲁国所演奏的多是天子礼乐。鲁襄王二十九年（前544年），季札作为吴国的使者，出访鲁、齐、郑、卫、晋等国，不仅了解国情、疏通关系，也交流文化。鲁国是他出访的第一站。

《左传·襄公二十九年》详细记载了季札访鲁观赏乐舞的情况。季札所观乐舞是比较系统的，不仅有各国的“国风”“小雅”“大雅”，而且有各种乐舞。他不但逐一谈了自己欣赏后的感受，还做了具体的评价。这在中国历史上可说是最早的一篇对歌舞的全面评论，并且表现了季札的艺术观。

季札的艺术观首先是将艺术与“美”联系起来，把审美看作是艺术活动的主旨。他为歌舞的表演所感动，不时地发出“美哉”的感叹。“广哉”“渊乎”“荡乎”“泱泱乎”“沨沨乎”“熙熙乎”等，则又揭示

《季札挂剑图（一）》　山东省嘉祥县武氏祠左石室第八石

《季札挂剑图（二）》　山东省嘉祥县宋山出土

《季札挂剑图（三）》　陕西省横山县孙家园子汉墓，墓室门左立柱画像局部

《季札挂剑图（四）》　四川省雅安市姚桥乡出土（石阙画像）

了不同的美和美之所在。

季札出访中原诸国时途经一个东夷小国——徐戎，也称徐夷或徐方、徐君，其地在江淮一带，包括现在江苏的徐州。当时吴国的铸剑技术已经很高，远近闻名。由季札所佩之剑，引出了一个感人的故事。

《史记·吴太伯世家》说："季札之初使，北过徐君。徐君好季札剑，口弗敢言。季札心知之，为使上国，未献。还至徐，徐君已死。于是，乃解其宝剑，系之徐君冢树而去。从者曰：'徐君已死，尚谁予乎？'季子曰：'不然。始吾心已许之，岂以死倍吾心哉！'"

当时的"徐君"是谁已无从知道。但可推想，他与季札的交谈非常投机，受他影响很大。徐君不仅尊崇季札其人，也羡慕他所佩戴的宝剑。按照古代的礼制，在社交活动中，男子都要佩剑或佩刀，既是表示威武，也可标志身份。因此，季札代表国家出访，佩剑是服饰仪表的重要部分，绝对不能缺少。在当时，徐君喜欢季札的剑，当然不敢开口；即使季札愿意将剑相赠，也不能马上付给，因为有出使的任务没有完成，是不能不佩剑的。

遗憾的是：待到季札出使诸侯归来，又路过徐国的时候，徐君已经去世。季札伤心地到墓地祭奠徐君，并解下了自己的宝剑挂在徐君坟头的树上，以实现自己心中的承诺。

人死不能再生，把剑挂在树上，长眠于九泉者也无法享用。死者不知，生者有情，这正是高尚人格之所在。

季札之后数百年，到了汉代，人们仍在怀念他，传颂着他的美德，甚至将他的事迹刻在石头上，赞扬他为人诚信，这就是汉代画像石中所表现的“挂剑”故事。

“季札挂剑”的画像石，在山东、四川、陕西各地都有发现。画面上，季札跪在徐君的墓前，以酒食为祭，似乎是在述说未及献剑的遗憾。那宝剑挂在树上或是插在坟头，好像是一颗君子的心，震撼着人们的灵魂。

山东省嘉祥县在徐州的西北，相距不远。现在跨省，古代则是同一片地带，画像石也属于同一个艺术群。武氏祠系汉代武氏家族的墓地，由石阙和几个石祠组成，因发现较早，宋代已闻名。除武氏祠外，嘉祥县出土画像石较多。

陕西横山和四川雅安出土的画像石所表现的《季札挂剑图》，与山东嘉祥的明显不同。但在主题内容上都是突出了“挂剑”，由一把宝剑点出了故事的情节。时隔数百年，相距数千里，人们仍然记得这件事。这不但说明了季札的人格魅力，更证明了人与人之间友爱和诚信的永恒价值。

第三节　泗水升鼎

公元前221年，秦始皇结束了群雄争霸、相互兼并的战国混乱局面，统一了中国，建立起中国历史上第一个专制主义中央集权的封建国家。一方面统一法律、度量衡、货币和文字，修建驰道，筑长城，有助于巩固统一和推动经济文化的发展。另一方面，为了加强统治，他下令销毁民间兵器，焚书坑儒，实行专制主义，严刑苛法，租役繁重，加之连年用兵，人民痛苦不堪。

秦始皇跟徐州地方也有一段故事，记载在《史记·秦始皇本纪》上。说的是秦始皇去山东泰山封禅回去的路上经过徐州：“始皇还，过彭城，斋戒祷祠，欲出周鼎泗水。使千人没水求之，弗得。”这就是秦始皇“泗水升鼎”的故事。

《泗水升鼎图》　高 131 厘米，宽 90 厘米，厚 21 厘米，徐州市贾汪区散存，祠堂山墙石，徐州汉画像石馆藏

泗水曾是一条有名的河，发源于山东，由四源合为一水，流经曲阜、徐州，至洪泽湖畔入淮河。春秋时孔子曾在泗水讲学授徒，汉高祖刘邦曾做过泗水亭的亭长，管辖着十里路面，是秦代行政级别最低的小官。宋代以来泗水河道几经变迁，最后为黄河所夺，把它裹挟着向北去了，于是在今天只留下“泗水”一个空名。

“泗水升鼎”就是在泗水中打捞一只大鼎，所以也称“泗水捞鼎”。在古代，鼎本是一种食器，后来用青铜制作并用于祭祖祀天，就由食器变为礼器。从奴隶制到封建制，建立起一整套礼制规范，包括用鼎的数量都有严格的规定。如天子用九鼎，诸侯用七鼎，卿大夫用五鼎，士用三鼎或一鼎。虽然都是“钟鸣鼎食”，但在用鼎的数量上不能随便逾越。

《〈史记·秦本纪〉正义》说：“禹贡金九牧（州），铸鼎于荆山下，各象九州之物，故言九鼎。历殷至周赧王十九年，秦昭王取九鼎，其一飞入泗水，余八入于秦中。”这是历史书上的记载，说大禹所铸的九鼎，“其一飞入泗水”。

秦始皇兼并天下，统一了中国。他赴“东土”巡游时，路过泗水，想起了“飞”入泗水的那只大鼎。这是“泗水捞鼎”的正式记录。也就是说，捞是捞了，并且动用了上千人去捞，但是没有捞到。

事情过去了200多年，到了东汉时期，人们仍在议论此事。从民间传说演绎出来的故事是说：鼎被找到了，但正当人们用绳索用力将鼎拉出水面时，不料从鼎中伸出一个龙头来，咬断了绳索，鼎又沉入水中，再也找不到了。

民间传说并非真实历史，但是反映了人民群众对秦暴政的态度，以此说明他无德不长，不可能获得“九鼎”镇国之宝。

有关秦始皇“泗水升鼎”的画像石各地很多，由于涉及情节和场景，表现的手法也多种多样。徐州贾汪出土的《泗水升鼎图》便是其中之一。该图分上下两格：上格表现水榭和荒野。水中有游鱼，榭边有修炼者，荒野中有狩猎者；下格表现“泗水升鼎”，构图采用意象手法。秦始皇坐在桥头，两边众人用滑车升鼎，正是龙头在鼎中出现、咬断了绳索的当儿。鼎斜了，就要掉入水中了，秦始皇的喜悦也落空了。

俗话说“人心如秤”，老百姓的心中之秤，一直在衡量着秦始皇的功过。

第四节　楚汉之争

秦始皇统一中国之后，为了巩固其统治，做了一件极为愚蠢的事，就是“焚书坑儒”，以为如此就没有反对他的人了。但他没有料到，推翻秦王朝的并非那些读书人。唐代章碣有一首题为《焚书坑》的诗：“竹帛烟消帝业虚，关河空锁祖龙居。坑灰未冷山东乱，刘项原来不读书。”

“刘”即刘邦，“项”即项羽，他们的确都不是读书人。刘邦本来是一个小地主，他的父亲和诸兄都善治产业，但他却好酒及色，不事家人生产，在他父亲眼中是一个无赖之子。项羽是楚国大将项燕的后裔，是一位没落的贵族公子。当项燕被秦将王翦所杀时，项羽还不过七八岁，他的叔父带着他流亡到吴中一带，结交了不少当地社会下层的青年。

公元前 206 年秦亡后，项羽在彭城（今江苏徐州）自立为“西楚霸王”，并分封天下，以赏有功。他封刘邦为“汉王”，又划地分封了 17 个王，恢复了战国时代的局面，使旧贵族的政权得以复活。但是他们明争暗斗，相互之间的力量不时发生变化。公元前 203 年，约定以鸿沟为界，界东为“楚”，界西为“汉”。

次年，刘邦趁项羽从鸿沟撤兵的机会，全力追击，项羽败退至垓下（今安徽灵璧南）。在垓下他兵少粮尽，受汉军重重包围，刘邦设计让战士大唱楚歌。项羽大惊，以为楚国四面皆为汉军所占。他在军幕中坐立不安，虞姬陪他饮酒悲歌，唱道："力拔山兮气盖世，时不利兮骓不逝；骓不逝兮可奈何！虞兮虞兮奈若何！"当项羽跃上骏马奔向乌江时，虞姬已与他永别，他在乌江（今安徽和县东北）自刎。

两个徐州人争天下，结果项羽功败垂成。刘邦当了皇帝之后，在洛阳南宫的一次酒宴上说："列侯诸将，无感隐朕，皆言其情。吾所以有天下者何？项氏之所以失天下者何？"让大家说真话，作评论。大家七嘴八舌各抒己见，刘邦最后说："公知其一，未知其二。夫运筹策帷帐之中，决胜于千里之外，吾不如子房（张良）。镇国家，抚百姓，给馈饷，不绝粮道，吾不如萧何。连百万之军，战必胜，功必取，吾不如韩信。此三者，皆人杰也，吾能用之，此吾所以取天下也。项羽有一范增而不能用，此其所以为我擒也。"

当项羽在"四面楚歌"声中退出了战争舞台之后，刘邦又挥师向东，围攻鲁国。那时候的他相信的唯有武力。

《刘邦举兵围鲁》 山东临沂白庄汉墓出土，选自《中国画像石全集》

1972年，在距徐州不远的山东临沂白庄出土了一方表现《刘邦举兵围鲁》的画像石。画面生动，寓意鲜明，令人深思。在构图上，仿佛是以河为界，中间架一大桥，两端都有界牌。河左是鲁国，儒生们排列成行，正在认真地诵经；河右是汉军，持刀带弓，正在快速地前进。领队的第一辆马车已经过桥，里边可能就是带兵的刘邦；第二辆车正在桥上，马见到诵经者受惊，致使车翻，一只车轮掉进了河里，惊动了水中的游鱼。看了这幅画，人们不禁会问：这是战争吗？谁和谁作战呢？难道是手持兵器的汉军去打手拿竹简的儒生吗？

文化是文明的标尺，每个时代的文化标志着这个时代的文明。它属于思想的体系，是不能用武力去铲除、消灭的。汉代的皇帝们，从高帝刘邦起，逐渐懂得了这个道理，由轻视文化转变为重视文化、保护文化，并引导和发展自己的文化，才有了后来的辉煌。

第五节　汉代徐州：其地其民

两汉400年间，中国进入封建社会的全盛时期，各方面都得到很大的发展。

汉初刘邦在位时基本上沿用秦制，即中央集权制度，经济上则实行“重本抑末”的政策，大力发展农业生产。公元前180—前157年，汉文帝刘恒在位；公元前157—前141年，汉景帝刘启在位。前后几十年，在汉初社会经济衰微的情况下，实行“与民休息”的政策，减轻地税、赋役和刑狱，使农业生产得到切实的恢复和发展。土地开辟，人口增加，出现了多年未有的富裕景象，国家的财政收入也增多了，被誉为“文景之治”。

汉代初期所采取的“与民休息”、恢复生产的经济政策，其思想基础是黄老“清静无为”的政治哲学。所谓“黄老”，是战国以来至汉初形成的一个道家学派，将黄帝和老子同尊为道家的创始人。

汉景帝之子汉武帝刘彻在位54年，对内实行政治经济改革，对外打通西域、开拓疆域，并与西方世界建立了交往。为了有效地进行思想统治，他接受董仲舒“废黜百家，独尊儒术”的建议。此后儒家哲学变成了封建社会的政治原则和衡量文化思想的标准。到了东汉时期，盛行“谶纬”迷信，使儒家走向了玄学化，蒙上了一层神秘色彩。

什么叫“谶纬”呢？“谶”是古代巫师或方士制

作的一种隐语或预言，有谶语和符谶，作为吉凶的符验或征兆，假托上天给人的预示。“纬”是相对于“经”而言，是方士化的儒生编集的附会儒家经典的各种著作。谶、纬结合为一体，使儒家学派走向了宗教迷信。

东汉时期，章帝刘炟召集博士儒生在白虎观讨论五经同异，写成了《白虎通义》，进一步把谶纬和今文经学混合在一起，使儒学神学化。在汉代画像石中有很多是与谶纬有关的图像。

两汉 400 余年中，徐州一带是全国比较富裕的地区之一。土地肥沃，河流纵横，有古汴水、泗水和淮河等水系的滋润，既有鲁盐舟楫之利，又得农桑丰盛之益。当时正提倡牛耕，劳动效率倍增，受到农民的欢迎，以至“谷米丰赡”“人口殷盛”，经济发达。

农业之外，自汉武帝实行盐铁官营之后，这一地区的冶铁业也得到了长足的发展，在沛郡、东海、彭城、临淮郡都设有铁官。考古发掘出土了汉代大量铁器，表明至迟在汉武帝时期，各地铁官已熟练地掌握了多种先进的冶炼技术。

徐州及其附近已发现的采矿和冶铁遗址，规模较大的有好几处。在铜山县利国驿汉代冶铁遗址可以看到，地面上粒状矿石成堆、炉渣遍地，断崖上暴露出高大炼炉多处，铁矿石坑深达10米。在另外的遗址中，出土的铁器上铸有标记。两汉时代已普遍使用铁器，不但农具和工具，兵器也大量用铁。在东海尹湾汉墓中出土的“武库永始四年兵车器集簿”中，记载了10多种兵器的名目，库存量很大，可装备50万人以上的军队，而这仅是一个郡的情况。

在出土的钢剑中，有的在剑柄上错金铭文曰“五十湅”，并记有制造者和价值。“湅”即“炼”。据分析，这种剑是用含碳量较高的炒钢为原料，将不同含碳量的原料叠在一起，经过多次加热、锻打、折叠成形而制成的。“五十湅”代表了一定的工艺和产品的质量，可能是指叠打后的层数。据说这种剑硬度很高，也最锋利。联想到汉代画像石的雕刻工具也一定非常锋利，在石头上镌刻自如，否则那些线条怎么会那样生动呢！

这个时期徐州地区的家庭纺织业已很普遍。当时的纺织品有葛、麻、丝几种。《汉书·地理志》记载淮北“地狭民众，颇有桑麻之业”。在全国出土的画像石中表现纺织题材的以徐州出土者最多，就目前所知已有8方。

两汉时期这一带的物质财富已相当丰裕，史书上说是“人口殷盛”和“谷米丰赡”。充足的物质生活养育的这一方水土的人民又如何呢？文献记载说到了这里有着尚武重文、淳厚朴实、知耻尚礼的民风民俗，例如：

徐方邹鲁旧国，汉兴犹有儒风。（杜氏《通典》）

霸者之余，以武为俗。（宋陈师道《学记》）

沛地邻邹鲁，务稼穑，尚礼义。（《沛县志》）

丰熟可抵三州，民事农桑，乐输赋役，而其俗亦淳。（《丰县志》）

这些文献上的描述同画像石上所体现的人物造型和气质倒是很好地吻合的。从画像石上可以看出，不论男女，都温文尔雅。

有一块画像石，在石头的两面，分别刻着男女青年，我们定名为《两千年前的徐州人》。画像石的正面为男士，头戴进贤冠，身着深衣，腰挂玉佩，足着高履，双手前抱，似施礼状，一派书生打扮。在古代，深衣上下皆服，做官者为便服，庶人视为吉服。进贤冠为儒生所戴之冠，前高后低。冠上的横脊称“梁”，梁的多寡以示级别，一般私学弟子只准一梁。背面为一女性，头着布巾，深衣着地，双手拱起而身略前倾，显得文静、朴素而大方。如果将两个人物的造像并列起来，便可看出他们的素养和内在的高尚品格。

《相敬如宾图》，原图也是刻在石头的两面，正面刻一男士，背面刻一女士。男士头戴进贤冠，身着深衣，手捧笏板；女士头着布巾，长裙及地，也是手捧笏板。如果将两个人物并列起来，明显可以看出双方正在相互施礼。

《徐州姑娘》是一幅画的局部，画中人身份可能是个侍女。原画分上下两格：上格表现“二桃杀三士”的故事，下格为一所新建筑，外面有执戟举刀者守卫，右边还有两位人祖保护。在建筑的左边有一棵大树，树下有一男一女正向右边走来，可能就是这所建筑的主人。主人要来了，惊动了三个年轻的侍女。一个半开着门，探身向外观望，另外两个躲在两旁，这位“徐州姑娘”便是右边的一个。可惜原石已破碎成数块，画面难以完整。看那姑娘，年龄不大，但举止文雅，头微低面带腼腆，像是一朵含苞欲放的花，充分展现了中国女性的内在之美。作为全画中的一个人物，高

《两千年前的徐州人》 高116厘米，宽55厘米，徐州市贾汪区大泉乡岗子村出土，徐州汉画像石馆藏

《相敬如宾图》 高116厘米，宽53厘米，徐州市贾汪区大泉乡出土，徐州汉画像石馆藏

《徐州姑娘》　原题《仕女盈门》，画像石局部，选自《中国汉画像拓片精品集》

不过十几厘米，并非是作者有意刻画的对象，不过寥寥几笔以为衬托，竟然如此深刻，足见当时的刻工不但技巧熟练，在艺术修养上也达到相当高的程度。

《感慨的武士》是一幅艺术水平很高的传神之作，收入了近年出版的《中国汉画像拓片精品集》，为私人收藏。原题为《龙首神异》，原来拓印所据的石刻，由于年代久远，风化严重，石面上出现细密的小点，致使画面不清，只能看出大体的轮廓，分辨不清具体的形象。因为头上插着三根羽毛，误以为是龙首；又感到整体的动势雄劲有力，于是便定名为神异了。实际上，在拓印时这些细密的小点是可以得到修补的，只是没有经过耐心处理。我们经过剔修之后，所显现的是一位高大威严的武士。他年岁较高，身佩绶带，可能享有功名。头上的弁冠不太正规，像是在低矮的山形帻上插了三根羽毛。汉时的武冠也称“鹖冠”，上面插着鹖鸡的尾羽，表示勇猛。鹖鸡，青灰色，似雉而大。据说鹖鸡有一种“猛气”，善斗，直到斗死为止，所谓“斗终无负，期于必死”。武士将鹖鸡的尾羽插在冠上，以显尚武精神。这种习俗，并不限于汉代，早在春秋时孔子的学生子路好勇，就喜欢在帽子上插一根鸡毛。

《感慨的武士》 原题《龙首神异》，徐州汉画像石，高146厘米，宽76厘米 选自《中国汉画像拓片精品集》

汉代有的画像石刻者不明其意，索性在子路的头顶上刻了一只公鸡。

这幅《感慨的武士》人物形象魁梧，轩然不凡。冠上插着鹖羽，昂首怒目，注视着前方，难怪原收藏者说是“龙首”。不知是什么事情惹得他大发感慨，一手提着绶带，一手高举，好像是在说着什么。这架势显出一种压倒一切的气度，不是什么“神异”，而是人的威慑力量。画像石的作者知道，这种力量是巨大的，你看那画框的边线也被那举起的手臂冲破，手臂伸到画外去了。

以上就是我们介绍的古代徐州和徐州人。它既是产生汉画像石的大背景，也是制作汉画像石的智慧和力量。不论什么艺术，从来就不是孤立于同时代的生产和生活之外的，画像石也不例外。即使那些画像石是为了纪念死者，却也是生者的述说。

第二章
绣像的汉代史

汉代画像石依附于丧葬文化而产生并发展，但其所表现的题材却反映了当时现实社会的多个层面。另外，画像石作为以线条为主的艺术表现形式又标志着中国绘画的成熟，因此有人说它是“一部绣像的汉代史”。

第一节　深宅大院与小康人家

在厚葬成风的汉代，为死者构筑豪华的墓室并以画像石为饰的，多半是有权有势的贵族官吏、财力充盈的富商大贾，或至少是衣食无忧的小康人家，一般贫苦的社会底层很少能做到。汉代社会不同阶层之间显然已经存在很大的生活差异，有趣的是这些差异在画像石上也得到直观的反映。

两汉时期徐州一带经济和文化比较发达，又是汉高祖刘邦的桑梓故里，历代皆为诸侯王的封国，贵族世家很多。他们住的楼台亭阁、建筑栉比连成一片，形成深宅大院，出门则崇车大马，前呼后拥。所谓“奢其生者必崇其死”，他们死后修造高坟大寝，庐墓祠堂，密植松柏。州郡豪族富商乃至小康之家又都竞相仿效……这种社会风气在画像石上都可以看到。

《豪宅楼宇图》是铜山县茅村汉墓出土的一幅画像，它将一座庄园式建筑群作了并列式的展示。门阙高立，阙下有卫士持戈守护，表明这是一所高级官员的官邸。高高低低的建筑自右而左，依次排开；楼上楼下，屋间过道，各色人物穿插其间：有谒见者、宴客者、庖厨者、饲马者、侍从者等，共40多人，场面壮观。

该图的上下，是两幅车骑出行图，同出于一座墓葬，亦即同属于一个主人。上图车骑出行，前有二导骑，后有三驾马的骖马轩车，随后有辎车和棚车。下图车骑出行，前有二人持棨戟前导，后有骑从四人，辎车、

《车马出行图》　高58厘米，宽200厘米，铜山县茅村汉墓出土，门楣背面

《豪宅楼宇图》　高56厘米，宽270厘米，铜山县茅村汉墓出土，中室南壁

《轺车相遇图》 高55厘米，宽272厘米，铜山县茅村汉墓出土，中室北壁

轺车各一。途中遇到了另一辆轺车，车上的人正伸出手来打招呼。这可能是他们之间的一件重要之事，或是巧遇，或是谈话，值得纪念，否则不会刻在石头上。

睢宁县墓山出土的《显赫的仪仗》，所表现的是一个官吏出行时铺张而显赫的场面。画面最下一行是车骑，由一辆无帷轺车前引，二导骑高举缀以五彩羽毛的旌旗，漫天招展；其后为加幡轺车，即《汉书·景帝纪》中所记“令长吏二千石车朱两耳，千石至六百石朱左幡”，不仅标志着高级身份，也确实显得隆重光彩。画面中间是高大的建筑群，从门阙到楼阁，渐次深进，层层叠叠，分不出是高是远；建筑上鸟兽成群，所有人的活动都集中到出行仪式中：官吏们持幢列队，这是“将军刺史之仪”；院外的场地上作建鼓表演，并有倒立者和“蹴鞠之戏”。蹴鞠在汉代是军队中普遍的活动，刘向《别录》所谓“兵艺也，所以讲武知有材也”，既是一种游戏，又是体质的训练，令人不禁联想到现代的足球。整个画面充满了庄严活泼的气氛，鼓乐齐鸣，好不热闹，连那些站在房顶屋脊上的夔龙凤鸟，本是衬托以兆吉祥，雕刻者竟然也让它们在高处排起队来，构成了仪式的一部分。

《显赫的仪仗》　高116厘米，宽210厘米，睢宁县墓山汉画像石墓出土（1号墓前室）

《拜谒宾宴图》是铜山县洪楼祠堂中的一幅，置于后壁正中，可能与墓主人的身份有关。一般的谒见是下级拜见上级，或晚辈拜见长辈，无名小吏拜见有名望者；或是禀告、陈说，或是有所请求。这位主人表现自己平易近人，且以酒宴待客，显示一种豁然大度。

《送礼者》在睢宁县墓山出土。画面所在是一处环境优雅之地，周围鸟儿成群。墓主人的身份较高，送礼者的礼物也较重，他们排列成行，手中捧着贵重之物，用人抬着酒坛和鱼肉，那条大鱼几乎与人等高，连空中的鸟儿也感到好奇，想飞下来看看。

《迎候贵宾车骑》画面是一个深宅大院，楼阁层叠，长廊内人们忙碌地走来走去；院右竖起了高大的建鼓，艺人正在表演，下面一行车骑……可惜该石残破严重，画面已不完整。值得注意的是：在全幅的大画面中，中上方又套了一个小画面，经修整可以看出是两个人，两人之间有一只高脚豆，盛着两个圆形之物，一人正要弯腰伸手去取，另一人双臂叉起表示愤然。这情节有可能是春秋时“二桃杀三士”的故事，在此大概是想要表现墓主人像那些武士一样也是个讲义气的人，

《拜谒宾宴图》　高103厘米，宽214厘米，铜山县洪楼祠堂后壁，徐州汉画像石馆藏

《送礼者》 高101厘米，宽194厘米，睢宁县墓山汉画像石墓1号墓出土

《迎候贵宾车骑》　高91厘米，宽143厘米，睢宁县双沟散存（右边“民国”字样为后来所加）

所以画中套画。

《谒见图》，徐州出土汉画像石，画面分上下四格：最上格为谒见图，中间一人似为官员，旁有华盖，看其手势好像很激动，两旁的10多人，有的跪拜，有的作揖，肯定发生了什么事情；第二格是一行骑士，其中一个骑马者负伤躺在马背上，对面押送而来的是一个反手被绑的人，不知是刑事案件还是军事案件；第三格与第四格是庖厨和杂技，庖厨者正准备杀猪宰牛，杂技者有倒立、弄丸等。这些都是汉画像石中常见的题材。值得注意的是：将以上画面合在一起，正好应了“文恬武嬉”的成语——在和平环境中文官武将习于逸乐，荒于职守，一旦出了事情，也就慌了手脚，不可收拾了。

《宴宾与缉凶》，出土于邳州市陆井乡庞口村。从画面所表现的内容看，墓主人可能是个军事首领。画面分两格：一格是迎宾待客，男主人与男宾在客厅进行六博，边弈边饮，女主人与女宾在楼上对谈对饮，右边的高大建鼓绑上滑竿，艺人们在上面翻腾，乐队高奏，连两个鼓手都疯狂了，左边的庖厨正在紧张地准备宴席，一片温馨欢乐的气氛；另一格则是兵吏持刀在前，车马跟随在后，可能是缉凶的队伍。最前边

《谒见图》 高、宽94厘米，徐州汉画像石，选自《中国汉画像拓片精品集》

《宴宾与缉凶》　高105厘米，宽148厘米，邳州市陆井乡庞口村汉墓出土

有三个缚手者跪伏在那里。两格画面形成强烈的对比。

住在深宅大院的人们包括郡侯贵族、地方士绅、文官武将、商贾富豪，他们是社会的少数，却控制着权力，占有着最大量的财富，成为社会的上层，掌握着国家的命运。他们纠集在一起，交往频繁，相互利用，以谋取更大的利益。平时则沉浸于酒色，有的宾宴场面盛大，百戏乐舞占满了宽阔的庭院。社会表层最富有的这一面，在汉画像石中体现为构图最复杂、场面最壮阔的一类画像，呈现出一派豪华气象。与此相对还有另一类画像则充满了温情，属于富足的小户人家的景象。徐州地区出土的汉画像石以中小型墓葬较多，有的是未经科学发掘的散存者。结合对画像内容的推测，有不少属于小康之家。画面一般比较简单，多是画寥寥几人，或是表示对家人的恩爱，或是纪念对友朋的和好。

《温馨家庭》所表现的是一个小康之家的幸福生活。这是一个殷实之家，居室建筑的两边：一边是夫君乘着马车，久别归来；另一边是车停马歇，马儿正悠闲地吃着挂在树上的草料。屋子里面一片欢欣，夫妻榻上对坐，逗引着怀中小儿。汉代的绘画不强调物

《温馨家庭》　高100厘米，宽212厘米，徐州市贾汪区青山泉散存，徐州汉画像石馆藏

象的大小比例关系，也不重视环境的空间虚实，而是强调绘画的主题和突出想要表现的内容。因此，夫妇两人的相对而坐就把整个居室占满了，上面的帐幔垂下，形成三个圆弧，用来增强其乐融融的气氛。其他侍者一应站在室外，屋顶上、天空中有龙与各种鸟兽，衬托出大自然的一片生机和谐。在汉代人的心目中，这也带有吉祥的意味。

《燕居观舞图》也是表现一个小康之家的美满生活。原石是一个小祠堂的后壁，高不过半米多，上刻大厅堂，堂上坐有夫妇两人，中间放着酒具，男士扶案，女士披彩，两人正在说话。可能是遇到了喜事，或是纪念什么日子，堂下有乐伎献舞，长袖飘动、琴声悠扬，连两旁站立的侍者也动起来了。

《两人对饮图》和《亲朋交谈图》出自同一个墓室，表现的可能是墓主人生前最关心的事。人物之间的关系和谈话内容都无从知晓，但从周围环境和气氛来推测，应是喜庆之事。如前一幅画像里屋脊上放一条大鲤鱼，是子孙众多和富贵有余的象征；后一幅画像长案上摆着酒具，两人正在对饮，其中一人将双臂举起，似乎很兴奋。客厅深处有三位女性，其中两位手拉着手，

《燕居观舞图》　高57厘米，宽100厘米，厚14厘米，徐州凤凰山汉墓小祠堂，徐州汉画像石馆藏

《两人对饮图》　高101厘米，宽67厘米，铜山县茅村汉墓，中室西壁

《亲朋交谈图》 高105厘米，宽78厘米，铜山县茅村汉墓，中室北壁

很是亲热，室内的气氛颇为欢畅。房顶上有群鸟舞动，其中有一对作“交颈”之式，这是一种表示友爱的象征，就像现在人在新婚喝“交杯酒”一样。

《牛车会友》是一种展示性的构图：客厅中帷幔高挂，两人坐在长榻上对弈，似已进入决战时刻；左边一人气势非凡，扬手做进攻状，对方只好摊开双手，样子好像很无奈。气氛紧张又和谐，连祥禽异兽都聚拢来了。在建筑的右侧停放着一辆大车，左侧是赶车的童子与牛逗乐。值得注意的是：那童子所坐的坐具，现在看来不过是一只普通的小木凳，也称“杌子”，但在那时却是不寻常的新事物，意味着席地而坐的生活习惯开始改变。画家为了表现坐者的倾斜姿势，将本来一般长的杌子腿故意画得一长一短。

顺便讲一下当时的起居习惯。汉代时，人们普遍还是席地而坐，高贵者坐在榻上，可扶在几上做事，榻与几都是很矮的家具。古人席地而坐，不是盘腿坐，而是两膝着地，臀着于跖（足跟、脚掌）者为坐，伸直腰股者为跪。直到宋代，家具开始升高，有了桌椅之类。现在的日本、韩国、朝鲜有的仍是席地而坐，我国则早已经改变，只是在北方的炕上设有“炕几”，

《牛车会友》　高 93 厘米，宽 120 厘米，邳州市陆井乡庞口村汉墓出土

人们踞坐于炕上，但炕也升高了。

至于那童子所坐的小木凳（杌子），在当时可能主要用于上马、上车时踏脚用的；汉代有上马石，这个也可称作“上马凳”，当时还没有普及到生活的其他方面。

《墓门展示》，原石是墓门的横额，画面饰有连续的植物花纹，并以亭子为中心，表现三组内容：两人交谈、六博和假面傩舞，舞者持剑，戴着牛首假面，正在与野兽搏斗。

《抚琴者》，一人在亭中抚琴，三人聆听，亭外有两人做长袖舞。亭左有树，树上挂着喂马的食具，有一匹马在食草，树旁一人，当是驭者。令人疑惑的是：为什么有马、驭者，却没有车呢？可能是为了纪念一次野外的畅游，留住美好的回忆，就不顾那些细节了。

《两人博戏》，主人家有门阙和侍从，在两阙之间刻了猫捕老鼠，不知是主人还是刻者的趣味。

第二节　男耕女织与尚武精神

中国古代以农立国，视农业为本，而在生产中推行牛耕，起了很大的促进作用。在汉代画像石上表现

《墓门展示》 高83厘米，宽232厘米，徐州市贾汪区散存

《抚琴者》 高87厘米，宽138厘米，邳州白山汉墓散存

《两人博戏》　高57厘米，宽56厘米，徐州凤凰山汉墓小祠堂（左壁）

牛耕，是当作先进生产技术来赞美的。

徐州一带汉画像石进入繁盛之时正是牛耕得以发展之际。在当时利用牛力耕田不仅是一件新事物，更重要的是显著提高了农业生产效率，受到农民的普遍欢迎。

《牛耕图》，从画面中可以看出牛耕的劳作带动了整个家庭的忙碌。这是一个普通家庭，有四口人参加田间劳动：有三头牛和一辆牛车，还养着一条狗。他们赶着牛车下田，将车停在田头；先套两头牛拉犁，让另一头牛在田边吃草。两头牛拉一架犁是很轻松的，牛走得快，扶犁人只好迈开大步。跟在犁后的是一个少年，随墒播种。远处一人正在举锄耘草。他们紧张地劳动，只有那条狗感到无聊，躺在车旁，车上落了几只乌鸦。有一人挑着箪食壶浆，送来了饭食，很快就要歇晌了。这是2000多年前一户普通农村家庭劳作的画面。

当时作为家庭副业的纺织生产也非常活跃。《丝帛乐业图》，画分三格，上格表现一男一女，似为夫妻。女的穿着华丽，梳着两个大发髻，手持束丝，欣悦欲舞；男的随后，手举一束丝帛。两人兴高采烈，似乎

《牛耕图》 高80厘米，宽106厘米，睢宁县双沟散存，徐州汉画像石馆藏

《丝帛乐业图》　高118厘米，宽60厘米，睢宁县官山征集，睢宁县博物馆藏

在炫耀他们的劳动成果和手艺技巧。中格与下格，为对鸟和对兽。对鸟做接喙状，这是汉画像石中常见的一种造型，表示两者相亲相爱。对兽似龙，相对漫舞，也是一种相互友好的动作。

《家庭纺织图》表现的是一个以纺织为家庭主业的景象。房顶上落下吉祥鸟，主人在客厅里接待客人，说不定是在商谈纺织生意的事。上边一格表现纺织的情景，有四个织女在劳作，一件件的丝团挂在壁间。一个妇女抱着婴儿，正要递给织机上的母亲，可能是要喂奶了；母亲从织机上扭过身来，双手接孩子，孩子高兴得手舞足蹈。看了这幅画，可以深深感受到她们的紧张劳动和愉快生活，母子之间的人伦之爱和对生活的知足；同时也可看出，汉代的画家在刻画人物和表现情节上已经非常细致入微。

《纺织图》是一块大画像石的一部分，与其他画面在内容上没有联系。在纺织方面有织机、纺车等，规模不大，却很完备，显得很生动。

《愉快的纺织业》说明了这个行业的兴旺。从画面可以看出，他们有自己的纺织作坊，有车马，有条件观歌舞，应该是很优裕的生活了。

《家庭纺织图》 高 103 厘米，宽 92 厘米，徐州市贾汪区青山泉散存

《纺织图》 新沂市炮车乡出土画像石（局部）

《愉快的纺织业》 高117厘米，宽92厘米，邳州白山汉墓出土

反映汉代纺织题材的画像石，全国以徐州出土者最多，目前所见已有 8 幅。其中有规模较大的家庭手工业，也有以自给为主作为农家副业的情况。这类图像反映了汉代社会普通劳动阶层的日常劳作情形，可说是对汉代民生的普遍展示。与此相对，有一类图像体现徐州地方特有民风民情，为徐州地区所独有的，就是以比武和切磋武艺为题材的画像石。徐州古为东夷，曾属吴楚，地势重要，历来是兵家必争之地。这里的人民经受磨炼，养成了崇文尚武的传统。练武者强调武德，以强身自卫为本，因而重视切磋武艺，既是功夫交流，也有助于增进友谊。

《邀看比武图》，画分四格，自上而下为：邀看比武；四人同行；二人比武；揖客告别。

情节连续，表现了邀看比武的全过程，可谓中国最早的连环画。

《武者聚会图》画的可能是个切磋武术的场所，类似现代的武术馆。画分三格，下格大厅中表现人物会见的情景，有的拱手问候，有的在互相交谈，显得很热闹。上两格分列十几位武士，各执不同的兵器，三三两两交谈得很起劲。

《邀看比武图》 高127厘米，宽56厘米，徐州市郊寒山散存

《武者聚会图》　高76厘米，宽115厘米，铜山县耿集汉墓出土，徐州汉画像石馆藏

《教练武术》画像石原是一座墓的门楣石，表现一个武术师傅正在教练学徒。画面左边一人高大魁梧，穿着整齐，手持长戟，向右面的空手者刺去；空手者赤膊，招架不住，躲闪开来，做逃跑状。地上放着他的衣服和武器，可能是个学徒，正在练习某种招数。画右边有一尊者坐在榻上，上有华盖，旁有酒樽，手举环首刀，气宇不凡；前面有三人跪拜，似是武术师傅在向徒弟训话。

《比武图》中可以看到人们不但武术技艺准确而灵活，艺术技巧也很熟练。《演武图》，表现的是带有表演性质的武术比赛。

第三节　乐舞百戏与休闲生活

汉代人的业余文化生活较以前时代有很大发展，主要的是乐舞百戏、六博之类，相当于今天我们所说的音乐、舞蹈、杂技、体育运动以及棋类。

汉代的画像石上留下了不少乐器的形象，其中有一些是本土的乐器，也有来自西域的乐器。汉武帝以前汉代流行的主要是楚歌、楚舞，乐器则主要是打击乐器，如钟鼓磬钲之类，也有一些管弦乐器如笙簧琴

《教练武术》 高42厘米，宽168厘米，铜山县十里铺汉墓出土（门楣）

《比武图》 高57厘米（横断局部），铜山县苗山汉墓（中室东壁）

《演武图》（局部） 铜山县茅村汉墓出土

瑟等。到武帝时随着国际商路的开通，传入了边疆和外国的乐器和乐舞。来自西域的乐器包括箜篌、觱篥、羯鼓、羌笛等。

在徐州地区的汉画像石中，乐舞中表现最多也最热闹的是“建鼓舞”。鼓在古代是种重要的乐器，小者曰“鼗”，如现今的拨浪鼓；大者曰“建鼓”。最初的建鼓下有四足，故又称“足鼓”。以后在柱下改足为兽，多雕成虎形，以示其威风。汉代画像石中所刻的建鼓，不但柱下有虎座，而且鼓上竖起高高的羽葆华盖，用美丽的羽毛和彩绸装饰起来，华盖之上还饰以鹭鸟。它不仅是一种乐器，也是一种舞具。《建鼓舞》中两个击鼓者和着鼓声起舞，舞蹈的动作很大，有的还配以别的乐器，或者与其他舞人共舞，是汉代“百戏”中的重要节目。《建鼓舞》好像带有某种仪式性质，鼓手专门摆了对称的姿势，连天上的青龙和飞鸟也来凑热闹。这是画家构想的一种“借景”手法，使简单的画面复杂化，并增强装饰感。

汉画像石中可见“百戏”包括：驯兽、跳丸、摔跤、爬竿、倒立、后空翻等。

《双人舞》　东汉初期石椁墓，侧面画像局部，铜山县范山汉墓出土

《抚琴起舞》　东汉墓室画像局部，铜山县白集汉墓出土

《建鼓舞》 高51厘米，宽52厘米，铜山县散存，徐州汉画像石馆藏

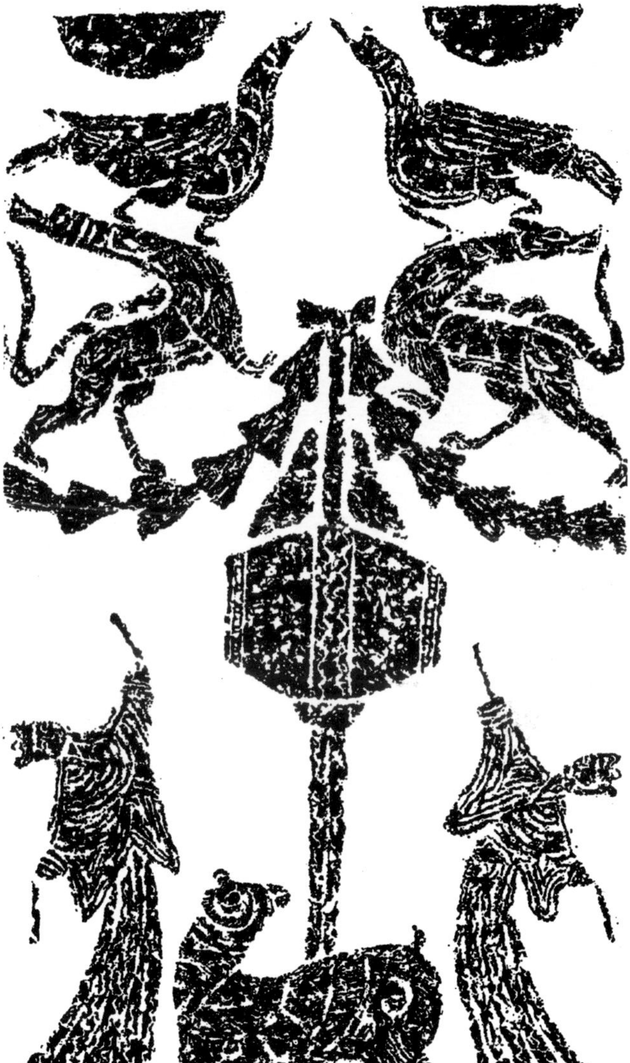

《建鼓图》　高100厘米，宽60厘米，徐州市贾汪区青山泉出土

《虎车等百戏图》　高131厘米，宽215厘米（左下角残），铜山县洪楼汉墓祠堂（屋顶坡面）

《龙车等百戏图》　高149厘米，宽282厘米，铜山县洪楼汉墓祠堂

《跳丸》 徐州汉画像石（局部），选自《中国汉画像拓片精品集》

《建鼓·跳丸·后空翻》　高67厘米，宽200厘米，睢宁县官山征集

《盘舞·倒翻》 徐州汉画像石（局部），选自《中国汉画像拓片精品集》

除此之外，汉画像石中也可见到表现棋类比赛的画面。“六博”是古代的一种两人对玩的游戏，共十二个棋子，六黑六白，故名六博或叫“陆博”。《六博图》，画面上两个下棋者都是颇有身份的人，衣着讲究，其中一人留着长须。室内有带花纹的丝绸垂帐，案上放着棋盘和酒樽。两人席地而坐，一边下棋，一边对饮。那时人们饮酒用“耳杯”，椭圆形，两边各有一个平耳，也称“羽觞”；酒在铜樽内，要用勺子向耳杯舀酒。可能棋局告一段落，两人似在争论，一人张开双手，显得无可奈何，另一人好像不以为然。汉代画像石中表现“六博”的画面很多，说明在当时是一种很流行的消遣。

《六博助兴图》画面分三格，表现两个书生，一个到另一个家里去做客，宾主在客厅里下棋，两人玩得很紧张，也很开心。他俩一边博弈、一边饮酒，并有乐舞助兴。在上格，抚琴者和吹奏排箫者奏乐，旁边有两个舞人伴舞，一个挥动长袖，一个在几上倒立，彩云飘绕其间。这乐舞可能属于雅乐之类，但从今天人的眼光来看其中那个倒立者应该属于杂技表演了。下格是客人的车马，驭者在车旁扶树休息，马也吃饱了，

《六博图》　高45厘米，宽50厘米，铜山县台上村出土（左上角残缺），徐州汉画像石馆藏

《六博助兴图》　高108厘米，宽58厘米，沛县古泗水出土

离开了挂在树上的草料袋；右边的马车画得很别致。由于是平面造型，画家竟舍弃了容易表现的侧面不画，而画难表现的正面。说实在的，正面画得很不错。

对于汉代贵族官吏来说，狩猎也是他们爱好的一种消遣娱乐。狩猎多是骑马射箭，称作“骑猎”，目标是一些体形较大的动物如野猪和鹿等。捕猎小动物属于“田猎”。按古制，每年秋季九月是天子使用弓箭学习田猎的军事训练时间。在邳州燕子埠出土的彭城国相缪宇墓，画像石中有郊游和骑猎的画面，气势很大。

盛大宴会当然也是他们生活中不可缺少的一部分，通常一边宾客观看百戏乐舞，一边庖厨准备宴会。

随着生产力的提高，城市商业也兴旺起来。为了人们交往的方便，汉代不但有专业的酿酒作坊，而且出现了酒肆，类似现代的酒馆，居民可以来此零买，朋友可以来此小聚，商人可以在此谈交易。甚至有了供旅居的客栈和娱乐场所。

铜山县利国汉墓于1964年清理，是一座有前、中、后三室和侧室的砖石墓，出土了27块画像石，其中有5块与“酒”有关。《酒肆图》楼层重叠，门阙高耸，

《郊游骑猎图》（部分）　邳州燕子埠彭城相缪宇墓画像石，东汉元嘉元年（公元151年）

《乐舞与庖厨》　高77厘米，宽75厘米，厚27厘米，铜山县汉王乡东沿村出土，徐州汉画像石馆藏

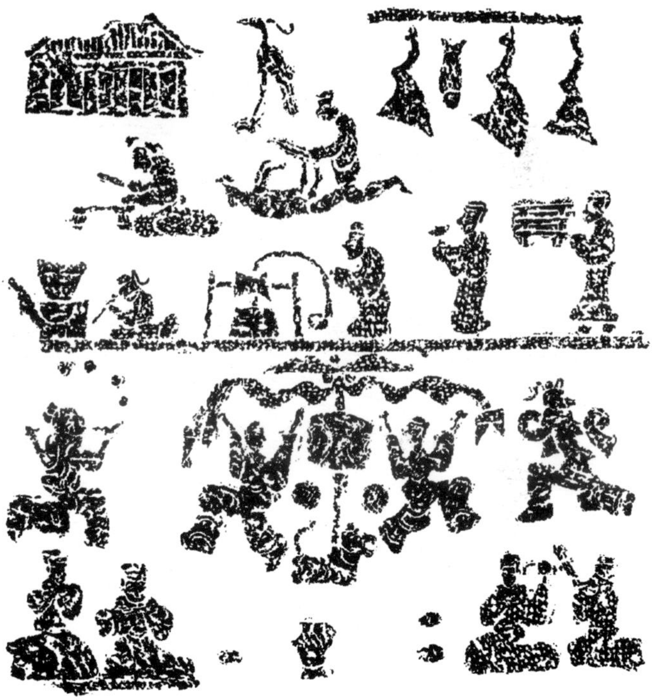

《庖厨与建鼓》 高78厘米，宽74厘米，厚26厘米，铜山县汉王乡东沿村出土，徐州汉画像石馆藏

《酒肆图》　高94厘米，宽93厘米，铜山县利国汉墓出土（东侧室东壁）

有吉祥鸟站立在楼顶。这是一种剖视的建筑示意图。楼下是两女守护着巨大的酒壶，左右是酿酒坊和庖厨间。楼上是一间间客房，有的谈话，有的对饮，确实是一个消遣小聚的好去处。《客栈图》是豪华的楼阁建筑，上有双凤栖息。三间大门面，中间有侍者接待客人，两边是客人的马匹歇息，其中一匹马的鞍具还没有卸下。楼上是舒适的客房，上有垂幛，下有方榻，客人们坐在榻上谈话。

睢宁双沟散存的一块汉画像石《聚会观艺图》，画面为半圆形，楼阁的隔间装有栏杆，各坐两三人。可能是一处观赏乐舞百戏的场所。

铜山县出土的《高楼饮美酒》，图中建筑结构奇特，整座房由多层斗拱支撑，往下逐渐递减，最后集中于一根木柱上，为了保持平衡和稳定，由两边的楼梯加固。

第四节　社会底层的劳动者

社会底层的人们通常都被历史淹没而无法留下自己的声音，但汉代画像石上却很可贵地留下了他们的身影。画像上出现过的人物有侍者、杂佣、庖厨、门吏以及跟在车马后面追跑的人。前文乐舞百戏的表演

《客栈图》 高97厘米，宽95厘米

《聚会观艺图》　高63厘米，宽130厘米

《高楼饮美酒》　高102厘米，宽148厘米

者当然也是他们中的一员。

睢宁县朱集有一个地方叫九女墩，那里发现一座汉代贵族的墓葬，墓门画像石刻特别繁密，有庞大的“兽首衔环”，密密麻麻的祥禽瑞兽，在一门环的左边和右边，将三个人刻在门上。右边是一个持戟的门吏，驼背弓腰，年事已高，有一只小鸟从他身边飞过。另一边有两个人，一老一少，都托着食盘，正要向主人送什么食物。雕绘者着意刻画了他们，那位在前的老者，平面的侧影显得自若，有趣的是在侧面的面部又刻出了完整的双眼、口鼻五官，说明这种“毕加索式”的造型在将近2000年前就有了。它体现了汉代人的一种艺术思维和审美意识，既要反映出直观的人物形象，又要表现出观念的人物整体，因而使两种方法在一个位置上重叠出现。不理解的人可能感到奇怪，实际上是观念使然，其中也涉及欣赏的习惯。

《执盾躬迎的小吏》是睢宁出土的一幅车马出行图中的一个人物，居于画面的左下角，他奉命迎接一队车马的到来。车辆和马骑迎面而来，他毕恭毕敬，深弯着腰。《奔跑的持戟导卒》是铜山一座祠堂画像中的一个人物。他持戟在前，后边是疾驶的轺车；驾

《九女墩墓门》 高15厘米，宽129厘米

《执盾躬迎的小吏》

《奔跑的持戟导卒》

《执盾亭长》　高103厘米，宽82厘米

车者发出信号，马儿加快了速度，可怜的导卒只好在前疾奔。《持戟门卫》是个严于职守的小吏，端庄地站在那里，他的主人似有喜事临门，门前云龙旋绕，兵器上扎着彩结。在他的腰上还挂着两个袋子，附近的两只小鸟好奇地从画外探进头来想看个究竟。另一个《执盾亭长》表面貌似谦恭，俯身执盾而立，却把头扭向一边，好像想到了别处。他是个只管十里地面的小官，但在地方上颇为活跃，拥有相当的权力。墓门上还刻着一个《记事小吏》，他手捧笏板，站在门环旁边，像是在接待来访者，并记录其身份和事由，好汇报给主人决定是否接见。

现存的画像石中还有一个汉代平民的肖像，旁有题记，像是墓志，大意是说：此人名杨若德，死于东汉明帝永平十七年（公元 74 年），遭难于兵灾，生前曾当过小官，但死后无葬身之费，得到别人帮助才得以入土为安。从画面看，此人面带笑容，仪态自然，为人友善，可能交友甚广，以至死后有人帮助得以入土为安，还为他刻了这块画像石。古人男士佩剑，有趣的是他的剑是后刻的，并没有“装”在身上。

《持戟门卫》　高37厘米，宽77厘米

《记事小吏》 高99厘米，宽94厘米，徐州汉画像石，选自《中国汉画像拓片精品集》

《杨若德画像》 高65厘米，宽117厘米，徐州汉画像石，选自《中国汉画像拓片精品集》

《庖厨图》　睢宁县张圩汉墓散存（局部）

《庖厨图》，原石画面分三格，上两格的内容都是饮宴，此格系供饮宴的作场。屋梁的吊杆上挂满了鱼肉，还有一只盛食物的篮子。有6个人在屋内忙个不停：一人切肉，一人淘洗，一人在推柴烧火，一人在往釜中添放食物，一人在井边汲水，还有一人捧着送菜的圆盘。现在的读者可能对那圆盘的画法不理解，为什么将盘竖起，盘中的6个碗碟不就掉下来了吗？这是平面造型艺术的一个特点，也是一种手法，因为那时候还没有透视法的运用，不会用“成角透视”表现物体，如果将盘端平，则只能看到侧面是一条横线，盘中的碗碟便看不见了。为了说明盘中有物，只好将圆盘竖起来。这种组合式的画法现代人在视觉上已不习惯，但对汉朝人来说却是司空见惯的。还有，从构图上看，6个人的劳作虽是平列，但布局妥帖，颇有节奏感。如果孤立看此画面，在中上边还有一个人的半身，好像悬空挂在那里，其实他的上半身画到上格去了。在汉画中这种处理是不多的，可能是有意而为，可能是沟通庖厨房与宴会厅的侍者，也有可能是监督炊事人员劳动的人。

汉代画像石的雕刻者，在当时只是一种职业，与其他的石工、石匠是一样的。据其他地区的材料证明，他们除了刻画之外，也同样从事石料的开采、磨制和运输，最多在内部有师徒与画刻的区别。所以，他们的社会地位，也同其他劳动者一样，属于同一个阶层。正因如此，他们熟悉其他劳动者，刻画起来非常自然。由于这些劳动者在画像石中多处于次要地位，不被重视，因而刻起来也没有拘束，自由得多。当我们看这些形象时，有的非常生动，刀凿传神，铿锵有力；留下的刀斧痕显示出一种力量，金石味隽永，充分地表现出拓印版画的艺术魅力。

《炊火蒸煮》，铜山县汉王乡东沿河出土画像石（局部）

《剖鱼和烤肉串》 铜山县汉王乡东沿河出土画像石（局部）

《卖鱼者与担酒者》 睢宁县墓山出土画像石（局部）

第三章
动物世界

丧葬文化就其性质而言是为死者而设，地下的棺椁墓室是供死者“生活”，地面上的门阙祠堂是为了纪念死者。相应地，汉画像石所表现的内容除了颂扬死者生平事迹之外，很大一部分内容是想要为死者创造一个美好的环境，使之可以安息。而在汉代人为死去的亲人所设想的环境里，动物是不可缺少的陪伴。

第一节　双龙穿璧与灵魂升天

十字穿环是汉代画像石中常见的纹样。《十字穿环》是一座西汉晚期墓葬出土的，刻在石椁的挡板上

《十字穿环》　高74厘米，宽264厘米，石椁边挡，徐州万寨西汉墓出土

的画，暗示着这种纹样跟丧葬观念有密切的联系。《夫妇平安图》，下格表现夫妇两人在室内对坐，互敬祥和，室外有侍从和“长青树”，上格是“十字穿环”。十字穿环纹看上去富有装饰性，却并不是一般的装饰纹样，而是一种寓意符号，有一定的内容。“十字”和“圆环”实际上是双龙和玉璧的简化。

《长青树与交龙穿璧》是一座墓室的门楣画像，门楣呈半圆形，画面分上下二格。上格为凤鸟和“长青树”，下格为“交龙穿璧”。所谓“长青树”，实际上是松柏之类，因为耐寒，不畏霜雪，经冬不凋，用以隐喻坚贞寿考。画中表现一对凤鸟守护着一棵翠柏，对称而有变化。凤鸟造型生动，其中一只还衔着小虫，颇有浓郁的生活气息。

龙穿璧代表什么意思呢？长沙马王堆西汉墓出土的帛画“非衣”告诉我们，汉朝人想到了升天的办法，就是乘龙带璧。所谓“非衣”，作“T”形，可用竹竿撑起，为送葬时“引魂升天”的旗幡。旗幡上画着死者生前的影像，由交龙穿璧托起。所以在汉画像石中，用“龙穿璧”编结成装饰性的纹样，有条带形的二方连续，也有大面积的四方连续。它是装饰的，更是升

《夫妇平安图》　高78厘米，宽83厘米，徐州市贾汪区东汉墓散存

《长青树与交龙穿璧》原石，高106厘米，宽200厘米，厚35厘米，铜山县王山散存，徐州汉画像石馆藏

《长青树与交龙穿璧》拓片

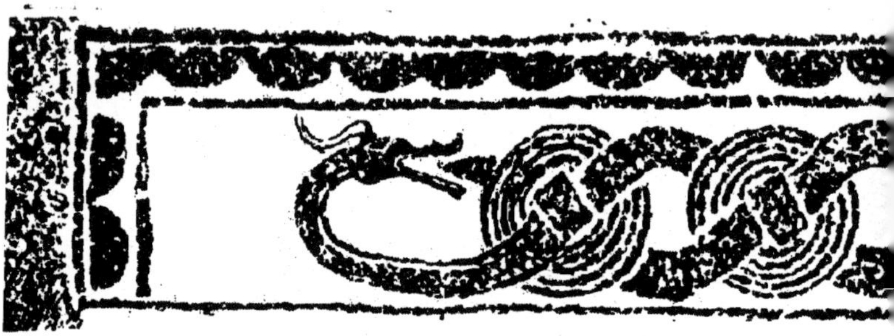

《两龙穿璧》　高42厘米，宽249厘米，徐州十里铺汉墓出土

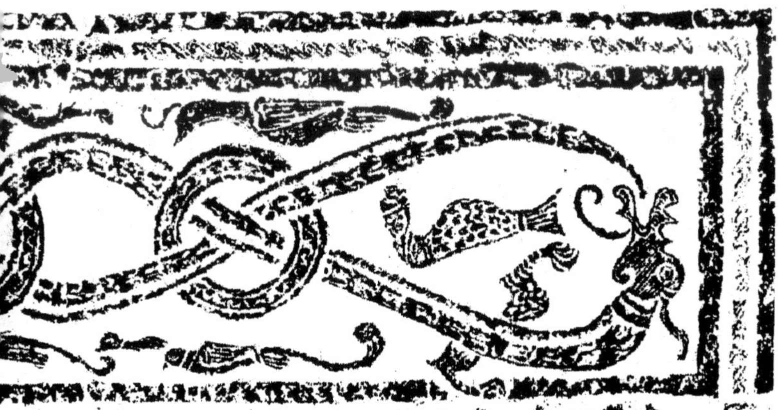

《穿璧与祥瑞》　高43厘米，宽162厘米，徐州十里铺汉墓出土

天的工具和象征。

由“两龙穿璧”到“十字穿环”，是形象思维的演绎和简化，实际上也就是抽象化和符号化。中国是一个符号文化的大国，数万个汉字都是一个个不同的符号：有的象形，有的会意，有的假借，有的谐声。

由升天的思想将龙与璧联系起来，“两龙穿璧”又简化成“十字穿环”的符号。有了这符号，就可以像“标签”一样贴用，成为丧葬文化的一种特殊标志。譬如说《三盘鱼祭》，三只圆盘，每只中放一条鱼，下面衬以四方连续的“十字穿环”，好像是一个几案。很明显，是为死者升天所做的准备，并祝升天顺利。

汉代的宗教思想已逐渐浓厚，尤其到了东汉时期，道教已经形成，佛教已经传入，儒家的谶纬迷信也泛滥起来。这些都影响到民间生死观念，并不同程度地反映到画像中来。当时人认为人死后灵魂会开始一段旅程，先经过一段包括“过桥”“渡水”的旅程到达阴间，再经过“超度”，才能“升天”。《过桥》，下面是一道“十字穿环”，上面是乘着马车过桥，河水是平静的，有鱼也有兽。但在另一格中多是一些怪异的形象，有人头兽，尾巴上也长着头，可能已经是另一个世界

《三盘鱼祭》　高130厘米，宽60厘米，铜山县青山泉散存，选自江苏凤凰美术出版社《徐州汉画像石》

《过桥》　高127厘米，宽108厘米，徐州汉画像石，选自《中国汉画像拓片精品集》

《渡水》 高92厘米，宽76厘米，选自《中国汉画像拓片精品集》

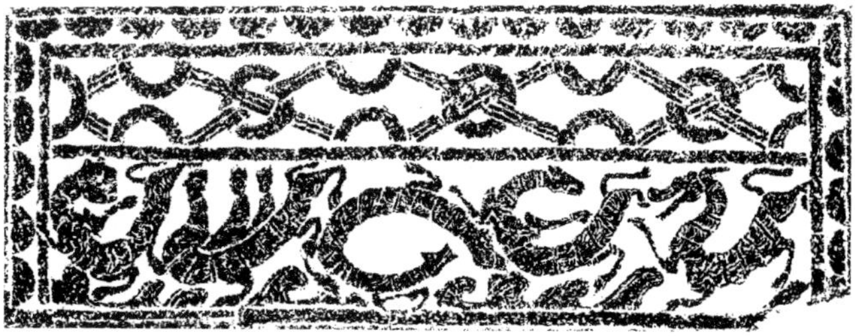

《乘龙渡水》 高62厘米，宽218厘米，铜山县大彭镇散存

了。《渡水》中，一个妇人安详地跽坐在“十字穿环”的中央，在另外的空间有大鱼游动，说明正在乘龙渡水。画面上格画的是驯象图。《乘龙渡水》，分作上下两格，上格是“十字穿环”，下格有五龙在空中飞腾，之下是水浪翻滚。有两人骑在一条龙上，那龙倒也安稳，但雕刻者也将它刻成人样了。

第二节　神兽群舞与和睦相伴

汉画像石上常将飞禽走兽和人物活动放置在同一个场景当中，表现了在那个与现实不同的想象世界里人与动物相互为伴、和睦同居的美好画面。

《谒见图》和《对饮图》出于同一个墓室，谒见客人和与老友对饮，屋子里面的情形好像跟生前的居处没什么分别，但屋外的景象却是大不相同，屋顶和天空中群兽飞舞。环境变了，邻居也变了，那些鸟兽，将是屋主人的新交。

《车马出行，凤鸟云集》《车马出行，神兽群舞》两幅车马出行图，一幅衬以无数的凤鸟，一幅配以成群的神兽，不仅使车马行列增添了几分神秘色彩，而且也显得更有气势。《车马出行，双龙交颈》那些神

《谒见图》 高104厘米，宽90厘米，铜山县茅村汉墓（中室北壁）

《对饮图》　高121厘米，宽102厘米，铜山县茅村汉墓（中室东壁门北）

《车马出行，凤鸟云集》　高97厘米，宽197厘米，铜山县洪楼汉墓出土

《车马出行，神兽群舞》　高78厘米，宽140厘米，徐州汉画像石，选自《中国汉画像拓片精品集》

《车马出行，双龙交颈》　高100厘米，宽191厘米，睢宁县墓山汉画像石1号墓

兽已经不是单纯地来凑热闹，而是帮助画面“点题”了。动物“交颈”是一种借喻，表示亲密的人际交往。

中国绘画中以抒发胸中逸气为特点的山水画在汉代还没有出现。但是，人们已经认识到大自然的山水树木等对陶冶人的情操有着很大的影响。这块《近水台榭》画像石是一幅优美的风景画，原石安置在一座小祠堂的侧壁。水榭的范围很大，在左下角的门外还有捕鱼的人，一个侍女开了一扇门，把着门向外观望。园内是高台楼阁，只有两个主人端坐在中央。水中的游鱼，空中的飞鸟，房顶上的朱雀和猴子，占满了画面，连仙界的羽人也不甘寂寞，来与凤鸟为伴。见此情景，不禁想到，如果各式各样的生灵都消失了，只剩下人类，将会显得多么单调、多么寂寞，即使水榭再美，不也是空荡荡的吗？

第三节　兽首衔环与勇健之美

汉画像石上的“兽首衔环”，即刻画出门环及其铺首，虽有门环之形却无门环之实，因为真正的双门门环是金属的，牢固地钉在门扇上。不过刻画出来的兽首衔环虽无门环之实，却有门环之意。

《近水台榭》　高116厘米，宽96厘米，徐州汉画像石，选自《中国汉画像拓片精品集》

汉代墓葬凡有画像石者，不论多少，几乎必有“兽首衔环”，因为它是门的标志，同时也表示守护之意。所谓“兽首衔环”，只是形式上的一个笼统称呼，既非都是兽首，也非全是衔环。由于它是刻画出来的门环形式，因此在形式处理上要比实际的门环灵活得多。

兽首的形态非常多样。它们究竟是什么具体的动物呢？是虎豹还是神兽，抑或是未见过的雄狮、传说中的饕餮？都有可能，但又都不肯定。要点是综合猛兽的共性，其目的是表现勇猛、显示力量，具体究竟是什么动物反倒并不怎么重要。除了兽头之外，有不少还画了两条腿，甚至有的将爪子紧抓住门环，所谓“衔环”，也非全衔。有的挂在颔下，有的索性穿在鼻孔中。

一般来说，动物的侧面比正面好画。有些大的走兽，头大身长，正面画出来会感觉失去常态，因此画家有时候索性只画面部，所谓“兽面纹”就是这一类。令人惊奇的是：徐州汉画像石中有不少是对动物的正面描写，有飞鸟，也有走兽。走兽头大，居于画面中心，身躯和四肢怎么处理呢？现代“写生”对此无能为力，只有顺势组合。鸟喙的尖长怎样正面表现呢？只好将它竖起来，又怕别人看了不习惯，再画两个侧面的头，说明它是可

《兽首衔环与十字穿璧》　高84厘米，宽87厘米，选自《中国汉画像拓片精品集》

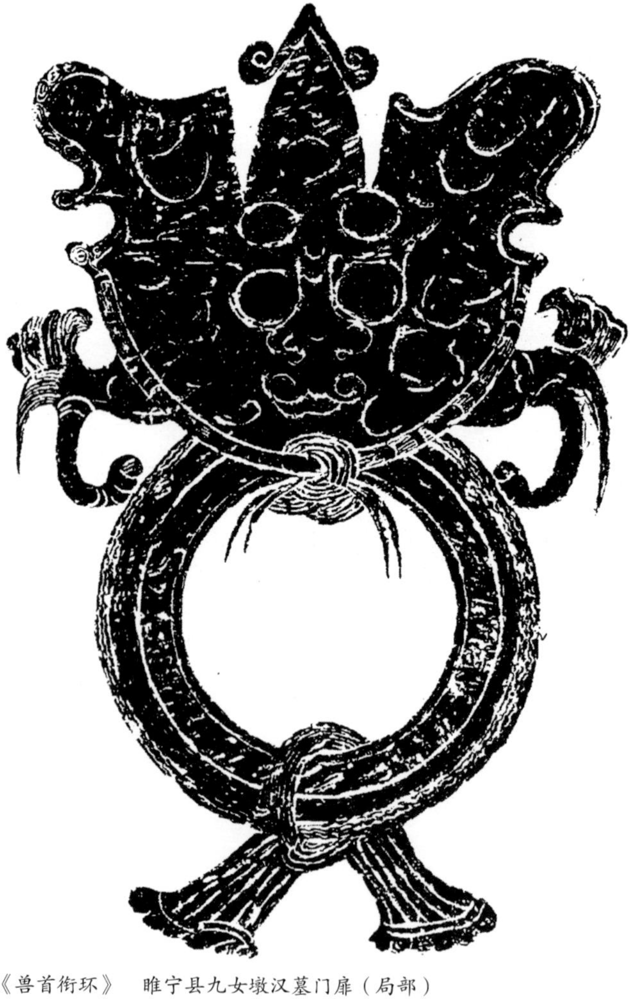

《兽首衔环》　睢宁县九女墩汉墓门扉（局部）

《兽首衔环》（三种）　（左）高90厘米，睢宁县张圩出土；（中）高100厘米，铜山县茅村出土；（右）睢宁县双沟散存（局部）

《正面之兽》（二幅）　（上）铜山县白集汉墓画像石（局部）；（下）徐州利国汉墓画像石（局部），均取自《徐州汉画像石》

《正面鸟》 徐州利国汉墓画像石（局部），选自《徐州汉画像石》

《正面鸟与群鸟》 徐州十里铺汉墓画像石（局部）

以左右摇摆的。这样一来，反而像是神话中的“三头鸟”了。

《山兽之君》的表现手法另有值得注意之处。侧面的虎头刻了两只眼睛，实际上是人的观念与视觉习惯在艺术上的矛盾统一。这是一种艺术思维，人们看侧面的老虎，只看到一只眼睛，但它确实有两只眼睛，另一只在背后，视觉上被遮住了。但在平面造型上仍然表现出两只眼睛，显得更有精神。作为艺术的一种表现手法，这不仅在古代艺术中常见，在现代民间艺术（如剪纸）中依然如此，并不奇怪。

徐州人重武，羡慕动物的勇健。龙虎是最明显的，姑且不论，尚有犀兕之类。“犀”即犀牛，“兕”类犀牛，有的说是雌犀。犀牛体大于牛，鼻上有一角或二角者，也间或有三角的。身无毛而皮坚厚，古人多用以制作甲盾。汉画像石《两兽相斗》，画的很像是犀兕之类。因为在当地很少见，已为珍奇之物，画家无法把握真实形象，好在目的是表现其勇健和力量。两兽相斗，不分上下，形健而线美，对称中无处不有变化，犹如一部急速的乐章。

汉代画像石中，牛马的形象很多，尤其是马的造型，其形态之丰美、结构之圆润，已达炉火纯青的地步。

《山兽之君》　高105厘米，宽62厘米（下半部分），睢宁县双沟散存

《两兽相斗》　高57厘米，宽110厘米，徐州市贾汪区征集

《小马进食》　宽60厘米（原石下半段），睢宁县张圩散存

第四节　寄情鸟兽与以物喻人

古来论诗，有赋、比、兴。赋是铺叙其事，即所谓“敷陈其事而直言之者也”；比是指物譬喻，也就是“以彼物比此物”；兴是借物以起兴，即“先言他物以引起所咏之词”。艺术的手法是多样的，唯其如此才能引起观赏的兴趣。隐喻的方法不但在文学上用得很多，同样也用在美术上。

在徐州汉画像石中，画鱼者很多，而且衔鱼者多是双鸟，其隐喻的意义是明显的。如《兽首衔环·双凤衔鱼》，衔环之兽表示看守大门，衔鱼之凤象征子孙繁盛。又如《双鹭衔鱼》，既然画鹭鸶衔鱼，按理说应该画在近水之处。为什么不画在池塘边，而画在门阙的屋顶之上呢？难道屋顶上有鱼吗？表面上好像不切实际，却正是实际所在。那是一种标识，可能这个人家刚添了后代，高兴之余，便在高处展示出“双鹭衔鱼”，比在池塘边要风光得多。

画像石的作者画动物时漠视具体对象的名称，并非粗心大意，是因为没有必要。相反，在描绘对象的形体和性情上，观察入微，找到了动物与人的某些共同之处。譬如说鸟兽的“温情”与“情爱”，看到它

《兽首衔环·双凤衔鱼》　高104厘米，宽148厘米，铜山县白集汉墓出土（西后室后壁）

《双鹭衔鱼》　宽27厘米（原石的阙顶），铜山县汉王乡东沿村出土

们相互依偎在一起，或者理一理对方的羽毛、舔一舔对方的脸，这类小小的动作，也正是人之常情，但表现很难。怎么办呢？寄情于物，以物寓意，以意喻人。也就是说，通过动物的动作传达人的情感。《对鸟与对兽》和《亲密凤凰》中的动作姿态，在现实生活中还能够看到近似者，它们两两靠拢，相互依偎着，显得很亲密。待到两鸟“引颈交喙”，已有明显的艺术加工了。

在徐州汉代画像石中，表现两鸟“引颈交喙”的画面很多。它虽然只是画像石的一部分，但大多单独成为一格，亦即有相对的独立性。好像在这里有一个隐性的规定，凡是有人物活动而要表示友好亲密时，其邻近画格中，多半是两鸟“引颈交喙”，或是动物的“交颈”“交尾”之类，画面虽非一格，却起了点题的作用。

《对鸟与对兽》　原石分三格，此为上格，铜山县茅庄散存

《亲密凤凰》　徐州汉画像石（局部），选自《中国汉画像拓片精品集》

《双凤交颈》 睢宁锅山汉画像石（局部）

《两鸟引颈对喙》 （上）睢宁县散存，原石中心纹，外围花边；（中）睢宁县官山散存，原石分三格，此为中格；（下）睢宁县墓山出土，原石之上半部分，下半为两人对饮

第四章
神异世界

第一节　伏羲女娲与黄帝炎帝

每个民族都有自己的神话，我国古代流传着伏羲女娲用黄土造人的故事。既然他们是我们的始祖，人们就相信他们也能保护人们并帮助人口繁衍。因此，汉代人将伏羲女娲刻在画像石上，既是祈求保护，也是希望人丁兴旺。画像石里经常把他们表现为人首蛇身，而且常常两尾交缠，隐含着阴阳交合、男女生殖的观念。如这两幅《伏羲女娲》外绕花边，两人面面相对，亲昵拥抱，两尾交缠。也有的神话里说他俩原来是一对兄妹，远古时期发生大洪水的灾难之后，到

《伏羲女娲》　高90厘米，宽28厘米，睢宁县双沟散存征集，徐州汉画像石馆藏

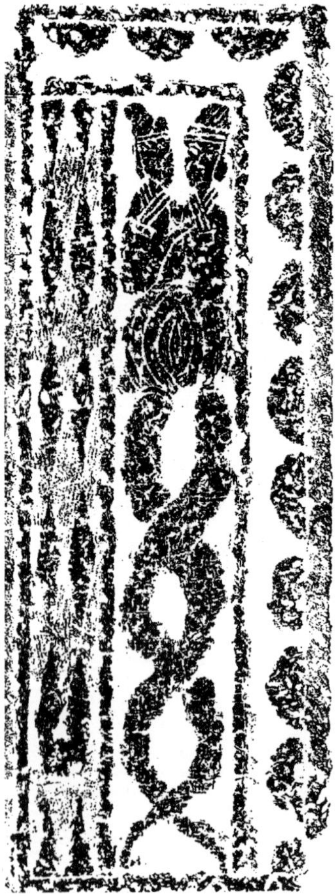

《伏羲女娲》 高98厘米，宽34厘米，徐州汉画像石馆藏

处荒无人烟，于是为了繁衍后代他们两个就结成夫妻、生儿育女，这才有了后来的人类。

汉代画像石上伏羲女娲的形象很多，但大体保持了“人首蛇身”的特点：上身穿着汉代的衣服，或手执规矩，或手托日月，或做舞蹈动作，下身多是蛇体交缠。

有一块破碎的徐州汉画像石中出现了不太一样的《伏羲女娲造人图》。原石高70厘米、宽140厘米，已破成数块，但仍能看出画面的内容。画分上下两格，上格为“两桃杀三士”故事，下格中间是一座新建筑，有侍女倚门观望。建筑左边有一对中年夫妇从树下走来，建筑右边便是伏羲女娲。画面上伏羲女娲盘腿对坐，从他们的足下落下两个人，就像跳水运动员从高台上落下一样，飘飘然地来到了人间。

我国古代还有一些关于远古时候帝王的传说，例如黄帝、炎帝、尧、舜等。我们自称是“炎黄子孙”，指的就是炎帝和黄帝，他们当是远古时候中原地区的部落首领。

有关炎帝神农氏的传说和文献记载很多，其事迹多侧重于农业生产和医药方面。汉代画像石《炎帝神农氏》中，炎帝的身躯魁梧高大，头戴斗笠，手持木锸，

《伏羲女娲造人图》　徐州汉画像石（局部），选自《中国汉画像拓片精品集》

《炎帝神农氏》 高105厘米，宽54厘米，厚10厘米，铜山县苗山汉墓前室南壁门西石刻，徐州汉画像石馆藏

《黄帝有熊氏》　高105厘米，宽64厘米，厚10厘米，铜山县苗山汉墓前室南壁门东石刻，徐州汉画像石馆藏

相随的两只动物看似孔雀和犀牛，很可能是汉朝人所想象的凤凰与神牛的形象。此石原为墓门的一扇画像，右上方刻一月轮，中有玉兔和蟾蜍，与左边的另一扇画像配套，画的是黄帝。

传说中的黄帝，古史称他“轩辕氏”，又号“有熊氏”。相传黄帝训练熊、罴、貔、貅、貙、虎，率领它们作战。这些猛兽也可能是部族的图腾。总之，他在阪泉之野（今河北涿鹿东南）打败了炎帝，以后又在涿鹿之野消灭了蚩尤，赢得了各部族的拥戴。随后人文大为发展，如养蚕、舟车、文字、音律、医学、数学等都创始于黄帝时期，所以他也被誉为中华人文的始祖。《黄帝有熊氏》中，黄帝的形象还处于半兽状态，不但手脚为利爪、大耳，并且长着翅膀和尾巴，能呼风吐火，伴随他的是飞黄（一种神马）和大象。

第二节　西王母及其随从

中国古代神话中的西王母是西方仙人之首。较早的记载《山海经》里说她住在玉山，其状如人，但长着豹尾、虎齿，善啸，且蓬发戴胜，掌管刑罚。后来《穆天子传》和《汉武故事》里她已褪去了那种虎豹般的

《西王母玉山图》　高115厘米，宽100厘米，铜山县茅村北洞山散存，祠堂山墙石，徐州汉画像石馆藏

野性，而成为雍容华贵的贵妇人了。不但如此，人们还给她塑造了一个配偶“东王公”，不过东王公空有其名，没有事迹可寻。

汉代画像石中通常把她表现为一位端庄的女性。《西王母玉山图》原石是一座小祠堂的山墙，表现的是西王母的动物世界。她坐在玉山上，有羽人献药、玉兔捣药，山中有各种鸟兽群居，双龙交颈，表示生活得快乐自在。

《西工母施药图》是一块汉代画像石的三格之一，画面中央端坐者为西王母，展示她的长生不死药：一手高举药盘，盘中盛着 6 颗药丸。过去有人认为是一位妇女手举镜子，非也。汉代绘画还没有解决“成角透视”，只好将物面竖起，以便看清物象的内容，成为两个角度的组合。这种“平面造型”的手法在汉代画像石中用得很多。西王母的上方和左上方有蟾蜍和玉兔捣药，蟾蜍也拿着一只同样的药盘，这是个明显的证明。西王母的右边有一人双手抱一药盘，大概是来求药的人。

《拜见西王母图》原是棺椁内壁的画像。画面横长，中间以大树划分为两个世界，左边为神仙世界，西王母在楼上凭几端坐，楼下有青鸟献食，楼外有两仙人捣药，其上有三足乌、九尾狐等。再外有四个拜见者：有人首蛇身者、人身马首者和人身鸡首者，只有后边的拄杖者完全是人的模样。从这四者可以看出，前者和后者是人祖与人（可能就是棺中的死者），中间的两位即是人间供奉的“金马碧鸡”，据说能给人幸福。他们都来拜见西王母，是否都为求“长生”，与西王母的“不死之药”有关呢?

《青鸟·龙跻·鸱鸮》刻画了三种动物，既有写实的，也有虚拟的。它们对死者有密切的关系，将它们表现在墓门上，表示升天的引导、升天的方式以及在冥界的生活都有了保障。

青鸟是西王母的侍者，在汉画中常为王母取食。龙跻为“三跻”之首，为修炼者升天最快的工具，并且畅行无阻。鸱鸮即猫头鹰，它在夜间活动，可引导死者的灵魂升天。

这是一幅设计奇特而又别致的构图。作者强调了青鸟的冠羽和尾羽，两只大鸟虽不对称，但是它们的冠羽和尾羽却刻到了对称的部位；中间站着一只鸱鸮，下面是一只小青鸟站在龙背上。就像预演一样，已经

《西王母施药图》　睢宁县张圩汉画像石（局部）

《拜见西王母图》　高80厘米，宽265厘米，厚14厘米，徐州栖山汉墓中棺右侧内壁，徐州汉画像石馆藏

《青鸟·龙跻·鸱鸮》 高106厘米，宽103厘米，铜山县散存，墓门门扉，徐州汉画像石馆藏

排定了，在左上方不显眼的边上，有一个人首蛇身的人物。是否说明，人类自古以来就是这样的呢？

第三节　神异与符瑞

在徐州汉画像石中，除西王母之外，也有一些奇形怪状的半人半兽或鸟兽合体的形象，如虎身九首的开明（也叫陆吾、肩吾、昆仑之守）。《开明与犀兕》，原石是墓室的门楣，可能借其威力以镇墓。画面中主要是两只异兽，另有两只小鸟陪衬。开明四肢健壮，有翼，尾高高翘起，与沉重的头部保持平衡。头做人面，是在一个主头上长出八个小头，犹如折扇的扇面。犀兕是犀牛、犀渠和兕的统称，既可分别，又为一类。它们都是怪异的神兽，或者力大勇猛，或者有特殊的本领。将它们画在墓室，不外是借用其法力，以保护自己。

《昆仑仙境图》原石是一块长条，排列了“昆仑山”中的仙禽瑞兽，其中最突出的是九头的“开明兽”和双头人面兽。有人说双头兽是《山海经·海外南经》中的“二八神”，也有人说是为西王母司夜者。仔细看此兽的造型，它的尾端变成了一个鸟头，说不定出

《开明与犀兕》　高55厘米，宽245厘米，徐州拉犁山汉墓墓室门楣

《昆仑仙境图》　高42厘米，宽232厘米，徐州十里铺汉墓出土

自雕刻者的演绎。

除了以上两兽之外，还有羽人戏凤、飞仙、双头鸟、鸟头兽、玉兔、仙树等。这是一个想象的世界，在不同的历史时期都可能有一些怪异的形象被创造出来。但能否持久，能否被后代所接受并延传下去却很难说。

汉代兴起的“谶纬”也是如此。谶纬迷信在整个东汉时代都甚为流行，就是把自然界的一些现象，例如动植物的变态等附会成“天人感应”，来为封建帝王歌功颂德。这种“受命之符，天人之应”可说是不胜枚举。《宋书·符瑞中》曾经归纳出 97 种之多。如麒麟，实际上是鹿、牛之类的变种，却被儒家宣扬为“仁兽”；又如凤凰、黄龙等。谶纬之说的影响之一是它成了后来吉祥文化的发端。

徐州汉画像石之《符瑞图》，原石为一贵族墓的后室门额，刻有“麒麟”“华平”“蓮莆”、羽人、花卉等。“华平，其枝正平，王者有德则生。德刚则仰，德弱则低。”“蓮莆，一名倚扇，状如蓬。大枝叶小，根根如丝。转而成风，杀蝇。尧时生于厨。”画面中的两个羽人，左边的一个羽人跽坐执杖，面对蓮莆；蓮莆正吹凉一盘长在树上的鲜果。右边的一个羽人，蹲在那里，长杖上有3颗大的圆形物，另一只手托着6颗小的圆形物，面对华平。华平枝干平正，枝头上长着圆形的果实。树下有猴、鸟相戏。在羽人之后、麒麟之前，有一株花，叶长花大，非常美丽，这是汉代画像石中极为少见的。画像中动物特多，植物很少。植物中有些树画得很好，树的枝条交错，具有图案的“便化”之美，但很少画花卉。

《雨过天晴》是刻在祠堂顶盖上的画像，原石的背面还刻有屋脊和瓦垄。可能嫌墓室太暗了，在上空画出了两道彩虹。按照神话传说，这彩虹是一条两头的长龙，跨过天空去饮大海的水。彩虹之下是雨师出行，可能是巡查雨后的情景吧，由3条大鲤鱼驾车，车轮是一条蟠蛇。画面的两边，是纹样化的莲花和游鱼。

《符瑞图》　高29厘米，宽116厘米，睢宁九女墩汉墓出土（后室门额），自右而左为：麒麟、花卉、羽人持珠、华平、羽人持杖、蓮莆、仙果树等。原石右端破损，还存一兽的头部。

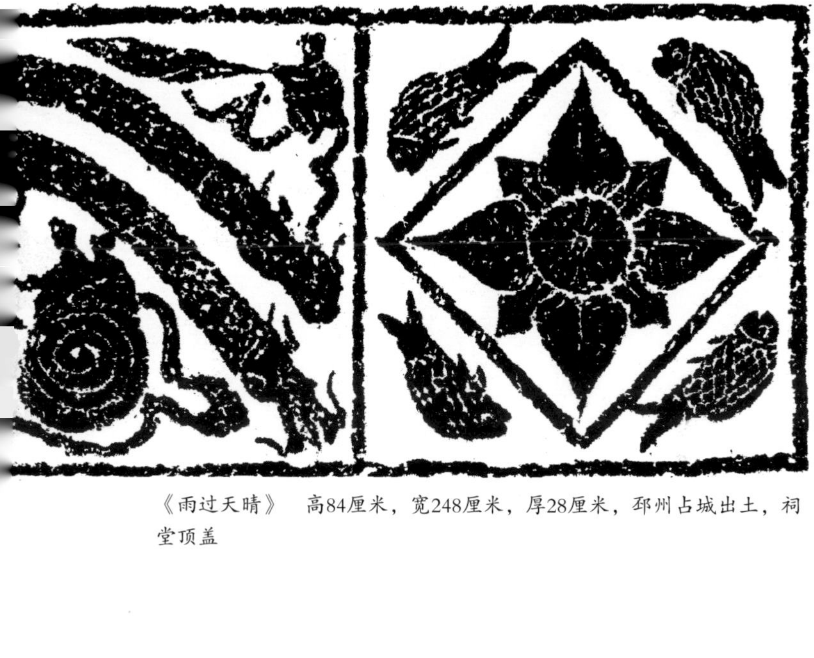

《雨过天晴》　高84厘米，宽248厘米，厚28厘米，邳州占城出土，祠堂顶盖

结语

一、中国的画像石最初是依附于丧葬文化而出现的。西汉早中期已见有简单的刻画，大多与墓葬有直接的关系，如建筑、松柏、玉璧和立在树上的小鸟等，多带有符号的性质。东汉时盛行起来，表现的内容越来越丰富，画面也越来越复杂，其范围远远超越了墓葬文化本身，已涉及社会的多个层面。东汉之后，这种石刻大多脱离了丧葬文化，在墓葬中已是星星点点，有的转向了佛教的造像碑，有的从事其他刻石。而作为绘画已向绢、纸的载体独立发展了。

将近400年的汉画像石虽然没有流遍全国，但其流行的地域也不小，主要分布在山东南部、江苏北部、河南南部、陕西北部和四川。另外在安徽、山西、河北、浙江等地区也有少量的汉画像石被发现。从艺术的风格特点和人文背景看，山东南部与江苏北部毗邻，苏北的徐州一带和鲁南的曲阜、嘉祥、临沂等地直接连成一片，在历史上也有密切关系。尤其是微山湖周围，出土汉画像石很多，湖的两边是两个省，但在文化上是难以分清的。两地出土的汉画像石风格完全相同。

二、徐州地处江淮，地势险要，经济比较富庶。最早属于东夷的一个强悍部族，以后又为吴楚之地，北临鲁国，深受儒家文化的影响。当年的楚汉之争在这里展开，也同是项羽和刘邦的故土。汉代的徐州，有不少独特之处。它不像曲阜的儒学中心，南阳的巨富集中，四川的天府之国和陕北的屯兵封疆，而具有全面的优势。所以汉画像石在此出现并得以发展，且居于前列，并不是偶然的。

三、从艺术的角度看汉画像石，是在绘画未经独立的情况下进行的。那时的所谓帛画、壁画、漆画，并不具有现代的概念，一方面都没有脱离实际的应用，另一方面在内容和形式上还是带有仪式性的。汉画像石也是如此，它多是建筑的石料和构件，系建筑的一部分，但不是一般的建筑装饰。它又是雕刻的，却不同于现代概念的圆雕和浮雕，是在平整的石板上刻画，所以仍然带有绘画的性质和特点。汉画像石的发展轨迹告诉我们，它一直是沿着绘画的道路往前走，并且走向了成熟。

四、在我国的造型艺术中，作为二维度的平面造型，汉代画像石走在了所有形式的艺术之前，在人物与动物等的形象塑造、情节处理，即所谓“关系性的律动”，以及构图、章法等方面，创造了一系列的手法与格式，丰富了它的表现力和感染力，不论什么题材、主题、情节的故事内容，都能表现出来，细微而生动。在汉代的各种造型艺术中，还没有任何一个画种超越它。连历史学家都说：画像石刻画出了“一部绣像的汉代史”。所以说，通过汉画像石，我们看到了 2000 多年之前的徐州人与他们所做的事，我们看到的几乎是一个多层面的社会。能够做到这一点的不多，全国也仅有几处。

五、鲁迅说：“世界上版画出现得最早的是中国，或者刻在石头上，或者刻在木板上，分布人间。后来就推广而为书籍的绣像，单张的花纸，给爱好图画的人更容易看见。”这里所指的“刻在石头上”的，主要便是画像石的拓片；“刻在木板上”的，就是雕版印刷的木版画。由于“画像石”和“拓片”这两个称谓在我国已经形成，很少有人意识到它是版画，实际上是很标准的一种“拓印版画”。

当年雕刻画像石的人并不知道，也不会想到，汉代人发明了造纸，不久后又发明了使用纸墨的拓印术，先是拓印石碑上的书法，以后又拓印画像石上的图画，成为人类最早的版画。汉代之后，画像石转向了造像碑，又转化为各种形式的石刻。拓印版画继续发展，直到现代，在民间木版年画中，还有一种“墨拓年画”，一直延续着这一传统。

六、汉代刘向写《新序》，曾记录下了一首《徐人歌》，他们追念古旧，不忘春秋吴国的季札，歌中唱道：“延陵季子兮不忘故，脱千金之剑兮带丘墓。”

艺术传统延续流传，2000多年前的风采犹存。文化与文明在这里厚积，是值得徐州人骄傲的。